Ce livre appartient à…

Copyright © BPA Publishing Ltd 2020

Auteure : Pip Reid

Illustrateur : Thomas Barnett

Directeur de création : Curtis Reid

Correcteur-réviseur : Pascal Besserve

www.biblepathwayadventures.com

Merci de soutenir Bible Pathway Adventures®. Notre série d'aventures aide les parents à faire plus amplement découvrir la Bible à leurs enfants, d'une façon ludique et créative. Conçue pour toute la famille, la mission de Bible Pathway Adventures est d'encourager le retour du discipulat dans les foyers, partout dans le monde. La recherche de la Vérité est plus sage que les traditions !

Les droits moraux de l'auteur et de l'illustrateur ont été validés, ce livre est soumis aux droits d'auteur.

ISBN: 978-1-989961-18-6

Avalé par un poisson

Les Aventures de Jonas

« Et l'Éternel fit venir un grand poisson pour engloutir Jonas, et Jonas resta dans le ventre du poisson trois jours et trois nuits. » (Jonas 1: 17)

Ne t'es-tu jamais demandé ce que cela ferait d'être un prophète ? De délivrer un message de Dieu au peuple ? C'était le travail de Jonas jusqu'à ce que Yahweh, le dieu d'Abraham, d'Isaac et de Jacob l'envoyât transmettre un important avertissement aux habitants d'une ville d'étrangers. Mais, ces étrangers étaient ses ennemis. Il n'était donc pas étonnant que Jonas ne voulût pas accomplir la tâche que Dieu lui avait confiée.

Il y a bien longtemps, Jonas était un prophète hébreu qui vivait en terre d'Israël. Dieu l'envoyait délivrer des messages importants aux Israélites. Parfois, ces messages étaient des avertissements ; d'autres fois, Dieu donnait à Jonas de bonnes nouvelles à partager.

Tu penses peut-être que Jonas était très saint pour être envoyé par Dieu, mais en fait, il était comme chacun de nous ; il ne se comportait pas toujours comme Dieu le voulait.

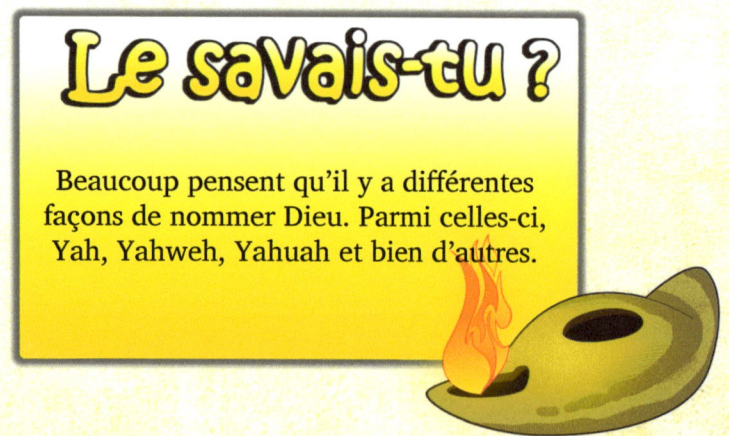

Le savais-tu ?

Beaucoup pensent qu'il y a différentes façons de nommer Dieu. Parmi celles-ci, Yah, Yahweh, Yahuah et bien d'autres.

En ce temps-là, le roi Jéroboam II régnait en terre d'Israël. C'était un roi très riche et très injuste. Plutôt que de venir en aide aux pauvres, il se faisait construire d'immenses palaces et vénérait de fausses divinités, au lieu d'adorer Dieu. Malgré cela, le Créateur aimait toujours le peuple d'Israël.

Un jour, Dieu donna à Jonas un message pour le roi : « Dis au roi Jéroboam qu'Israël va vaincre ses ennemis, regagner le territoire volé et devenir une puissante nation ».

Jonas avala difficilement sa salive et fixa le sol des yeux. La pensée de délivrer un message au roi lui donnait la chair de poule. Que se passerait-il si cela ne se réalisait pas ? Le roi pourrait le jeter en prison pour le reste de sa vie ou même pire, le tuer !

Le lendemain matin, Jonas enfila sa plus belle tunique et parcourut les rues bondées, en direction du palais royal. Il monta les escaliers et fit sa révérence au roi. « Votre Majesté, j'ai un message de Dieu », dit Jonas en se raclant la gorge.

« Lequel ? » demanda le roi en fusillant Jonas du regard depuis son immense trône. Il n'aimait pas les prophètes avec des messages de Dieu car ils lui annonçaient généralement des choses qu'il ne voulait pas entendre. Le roi faisait pianoter ses doigts avec impatience.

« Partez combattre les Assyriens, lui dit Jonas, Dieu vous accordera la victoire sur vos ennemis et vous deviendrez un puissant roi ». Le roi Jéroboam sourit et gonfla le torse. Il aimait cette l'idée de devenir un grand roi.

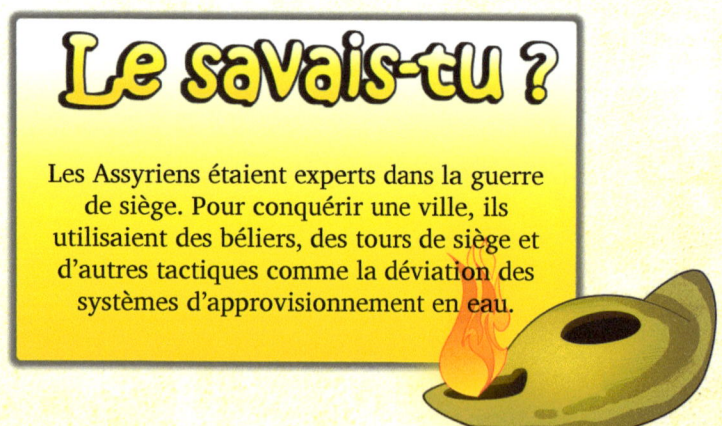

Le savais-tu ?

Les Assyriens étaient experts dans la guerre de siège. Pour conquérir une ville, ils utilisaient des béliers, des tours de siège et d'autres tactiques comme la déviation des systèmes d'approvisionnement en eau.

Plus tard dans la semaine, le roi rassembla ses chevaux, ses chars et ses soldats, et tous se mirent en route pour aller combattre les puissants Assyriens. Il conquit la ville de Damas et regagna le territoire qui appartenait au peuple d'Israël.

Jonas eut un soupir de soulagement. Ouf ! La prédiction de Dieu s'était accomplie. Il était beaucoup plus facile d'être un prophète quand Dieu avait de bonnes nouvelles à partager.

Mais le Créateur avait prévu une autre tâche pour Jonas. Un jour, alors que celui-ci priait à l'ombre d'un olivier, IL lui dit: « Jonas, je veux que tu te rendes dans la ville de Ninive, en Assyrie ». Jonas fronça les sourcils. Il n'aimait pas du tout cette idée. Personne n'aimait les Assyriens. Ils étaient aussi assoiffés de sang que des requins ! « Si je vais là-bas, les Ninivites me tueront », dit Jonas en essuyant la sueur de ses sourcils. « Pourquoi Dieu m'envoie-t-Il là-bas ? » pensa-t-il.

Dieu ignora les vaines protestations de Jonas. « Dis aux habitants de Ninive qu'ils sont un mauvais peuple », continua-t-il. Mais Jonas n'avait pas envie de dire quoi que ce soit aux Ninivites. Pourquoi Dieu ne pourrait-Il simplement pas les punir pour leurs mauvais comportements ? Il s'assit à l'ombre d'un olivier et regarda l'horizon d'un air grave.

Jonas interrogea Dieu : « Que se passera-t-il si les Ninivites se repentent ? ». Il savait que Dieu était un dieu de jugement et de miséricorde. « Je pourrais passer pour un fou et Israël pourrait ne pas devenir une grande nation ! »

Ses pensées et ses peurs le rongeaient. Il lui vint alors une idée folle. Il décida d'ignorer les instructions de Dieu et de fuir dans une contrée lointaine.

Cette nuit-là, Jonas attrapa sa sacoche et fuit vers la ville de Japho. Le port de Japho était rempli de navires et Jonas savait qu'il en trouverait un pour l'emmener très loin de Ninive. Il se fraya un chemin à travers la foule en descendant au port très fréquenté.

« J'espère qu'un bateau partira aujourd'hui », pensa-t-il en observant les marins charger les navires de barriques d'huile et de vin. Au bout du quai, il repéra un bateau phénicien en partance pour Tarsis. Tarsis était l'endroit le plus éloigné de Ninive qu'il pourrait atteindre ! Il se précipita et se présenta au capitaine.

« Avez-vous de la place pour un passager de plus ? » interrogea Jonas en pointant du doigt le navire plein à craquer. Le capitaine rit malicieusement et acquiesça de la tête : « Dix pièces d'argent ! » Il tendit une main charnue et attendit que Jonas comptât ses pièces. Jonas paya le prix du billet et se hâta vers la passerelle. Puis il courba la tête, il savait que Dieu ne serait pas satisfait de ce plan-là.

Le savais-tu ?

De nombreux savants pensent que Tarsis était située à l'autre extrémité de la mer Méditerranée, près de l'Espagne.

Les marins étaient enfin prêts à partir pour Tarsis. Jonas était soulagé ; après tout, peut-être pourrait-il fuir loin de Dieu ! Mais Dieu savait toujours ce que Jonas s'apprêtait à faire. Alors que le navire traversait lentement la mer Méditerranée, le Créateur fit s'abattre une violente tempête. Le vent s'engouffra dans les voiles comme une tornade et les vagues frappèrent les flancs du navire.

« Le bateau va se briser en morceaux et nous allons couler ! » hurlèrent les matelots par-dessus le bruit du vent et des vagues. « Qu'avons-nous fait pour mériter cela ? ». Chaque marin suppliait son propre dieu de le sauver, mais la mer s'agitait de plus belle.

Le capitaine se tenait au milieu du navire, agrippant fermement le mât. « Jetez quelques chargements par-dessus bord ! hurla-t-il. Le navire sera plus facile à contrôler ». Les matelots exécutèrent les ordres, mais le bateau était toujours aussi balloté, comme un bouchon de liège sur les vagues.

Pendant ce temps, le capitaine ouvrit le loquet en bois de la sombre cale et y jeta un coup d'œil. Il n'en crut pas ses yeux ! Jonas était allongé et dormait profondément, ronflant comme un éléphant.

« Jonas, comment peux-tu dormir ? » hurla le capitaine, lève-toi et prie ton dieu. Peut-être se sentira-t-il désolé pour nous et nous laissera-t-il la vie sauve. »

Le savais-tu ?

À cette époque, les marins phéniciens étaient les plus experts des marchands. Ils traversaient la Méditerranée, l'Atlantique, la mer Rouge et l'océan Indien pour commercer avec les autres nations.

Debout sur le pont du bateau, les matelots commençaient à se pointer du doigt. Ils se disaient les uns aux autres : « Tirons à la courte paille et trouvons qui est à blâmer pour cette tempête ». Le sort tomba sur Jonas et tous le regardèrent avec suspicion.

« Pourquoi cette tempête nous tourmente-t-elle ? l'interrogèrent-ils, et d'ailleurs, que fais-tu ici ? D'où viens-tu ? »

« Je suis hébreu, répondit Jonas, je sers le Dieu des cieux qui a créé la terre et la mer. » Les matelots tremblèrent de peur. Ils avaient déjà tout entendu sur ce dieu puissant des Hébreux.

« Cette horrible tempête est entièrement de ma faute », poursuivit Jonas, la tête basse de honte. « Si j'avais écouté Dieu, nous ne serions pas dans ce pétrin. »

« Bien, que pouvons-nous faire pour arrêter la tempête ? » lui demandèrent-ils. Jonas savait que Dieu était un dieu juste et qu'Il sauverait la vie des marins. « Si vous me jetez à la mer, dit-il, la tempête cessera. »

Les marins ne voulaient pas de mal à Jonas et ne souhaitaient pas le jeter par-dessus bord. Alors, ils décidèrent de ramer de toutes leurs forces vers le rivage. Mais la mer s'agitait plus encore et le bateau tournait en rond. Finalement, ils crièrent à Dieu : « S'Il te plait, ne nous punis pas pour la vie que nous ôtons à cet homme ! ».

Les marins attrapèrent Jonas par les bras et les jambes et ils le jetèrent dans les vagues déchainées. Immédiatement, la mer se calma et devint aussi inerte que du verre. Le navire était sauvé !

Cependant, Dieu n'était pas prêt à laisser mourir Jonas. Tandis que le prophète fugitif coulait au fond de l'océan, Il envoya un énorme poisson pour l'avaler. Celui-ci aimait cette idée-là, car… il avait faim !

Le poisson ouvrit sa mâchoire le plus largement possible et aspira Jonas dans son énorme bouche.

Jonas glissa sur sa langue rose et gluante et plongea dans son estomac sombre et vide. C'était humide, collant et aussi noir que la nuit. Jonas se leva et ouvrit les yeux. Apeuré, il sentait son cœur battre la chamade ; il tomba à genoux et pleura.

Le savais-tu ?

Un prophète est un être choisi spécialement par Dieu pour délivrer Sa vérité. Il peut être difficile d'être un prophète, en particulier parce que les prophètes annoncent souvent des choses que les gens ne veulent pas entendre.

Pendant trois jours et trois nuits, Jonas vécut à l'intérieur de l'énorme poisson. Ce furent les trois jours les plus longs de sa vie ! Il regrettait de ne pas avoir obéi à Dieu et pria comme il n'avait jamais prié auparavant.

Finalement, Dieu ordonna au poisson de recracher Jonas. Le poisson ouvrit la bouche et… éternua :

« Aaaatchoouumm ! »

Jonas vola dans les airs comme un javelot et retomba dans un bruit sourd sur la plage de sable blanc. Il était à présent près du territoire ennemi, mais il s'en fichait. Il était désormais prêt à obéir à Dieu. Plus jamais il ne voudrait se retrouver à l'intérieur d'un poisson !

Jonas était étalé sur la plage comme une étoile de mer, encore recouvert de sable et de la bave gluante du poisson. Il était enfin prêt à écouter Dieu.

« Jonas, lève-toi et rends-toi dans la grande ville de Ninive, dit Dieu. Dis au peuple de se repentir. »

Jonas se leva. Comme il ne voulait pas être considéré comme le « prophète puant », il courut au bord de l'eau et lava sa tunique dans la mer bleue et calme. Puis, il enfila ses sandales de cuir et se mit en route pour Ninive aussi vite que ses jambes chancelantes pouvaient le porter.

Quelques jours plus tard, Jonas arriva aux portes de Ninive. Il s'arrêta et regarda la muraille de briques épaisses qui protégeait la ville. Une statue effrayante du faux dieu Lamassu montait la garde et son regard de pierre fixait la population en dessous.

« Par où commencer ? » se demanda Jonas en se grattant la barbe. Les murs de la ville s'étendaient à perte de vue. Il n'avait pas réalisé à quel point Ninive était AUSSI grande !

Il prit une grande inspiration. Il savait qu'il lui fallait maintenant délivrer le message de Dieu à la population. Il marcha à grands pas devant les soldats et se fraya un chemin vers le centre de la ville. « Dans quarante jours, Ninive sera détruite ! » hurlait-il en parcourant les étroites ruelles pavées, d'un bout à l'autre de la ville. « Repentez-vous et tournez-vous vers les voies de Dieu ! »

Les Ninivites sortirent de leur maison et écoutèrent avec attention. Au plus grand désarroi de Jonas, ils choisirent de croire au message de Dieu et décidèrent d'abandonner leurs mauvais comportements. Ils déchirèrent leurs vêtements et se revêtirent d'un sac pour montrer qu'ils s'étaient repentis.

Le savais-tu ?

A l'époque de la venue de Jonas, la population de Ninive était de 100.000 habitants. La ville était protégée par un immense mur circulaire, si grand que deux chariots pouvaient faire la course en son sommet, l'un à côté de l'autre.

Quand le roi de Ninive entendit le message de Dieu, il se leva de son trône, déchira ses vêtements de lin fin et se revêtit lui aussi d'un sac. Puis, il s'assit dans un tas de cendres. Il est difficile d'imaginer un roi aussi effrayé, mais il connaissait tout de ce puissant dieu des Hébreux.

Plus tard, se redressant sur ses jambes, il fit une annonce : « Aucune personne ni aucun animal ne doit manger ni boire ! déclara-t-il. Chacun doit se revêtir d'un sac, prier le dieu des Hébreux et abandonner son mauvais comportement. »

Puis il se tourna vers ses conseillers : « Qui sait ? Peut-être Dieu abandonnera-t-il sa colère et nous ne mourrons pas ». Le roi était tellement déterminé à ce que Ninive se repente que même les animaux devaient être revêtus d'un sac. Quand Dieu vit que les habitants de Ninive avaient abandonné leur mauvaise voie, Il décida de ne pas les punir. Le peuple en fut vraiment soulagé !

Le savais-tu ?

La repentance veut dire se tourner vers Dieu. La Bible dit : « J'ai prêché pour qu'ils se repentent, qu'ils se tournent vers Dieu et prouvent leur repentance par leurs actes » (Actes 26 : 20)

Mais Jonas n'était pas content. Il voulait que Dieu détruise Ninive. Si Dieu laissait les ennemis d'Israël en vie, Israël ne deviendrait jamais une grande nation. « Dieu, n'avais-je pas dit que cela arriverait ? maugréa Jonas. Je savais que Tu pardonnerais aux Ninivites s'ils se repentaient. Maintenant, ils vont penser que je suis un fou. Pourquoi ne me laisserais-tu pas simplement mourir ? »

« De quel droit es-tu en colère ? » répondit Dieu. Jonas n'avait aucune réponse. Tournant le dos à Ninive, il s'éloigna des portes de la ville, vers une colline la surplombant. Il se fit un abri avec des branches et attendit de voir ce qu'il se passerait. « Peut-être Dieu changera-t-il d'avis et détruira-t-il Ninive… », pensa Jonas avec espoir.

Dieu décida de donner une leçon à Jonas. Il fit pousser une plante pour le protéger du soleil de plomb. Jonas s'étira à l'ombre et sourit. « Ah, ceci est bien mieux ! » pensa-t-il. Mais, le lendemain, à l'aube, un ver attaqua la plante. Ses feuilles s'asséchèrent jusqu'à ce qu'il n'en reste plus rien. Le soleil tapait sur la tête de Jonas au point qu'il en perdît presque connaissance.

« Dieu, je ne peux pas rester sous cette chaleur plus longtemps ! se plaignit Jonas. Il fait plus chaud que dans un volcan. J'aimerais mieux mourir. Laisse-moi juste mourir ! »

« As-tu le droit de te mettre à ce point en colère à propos de la plante ? » demanda Dieu. « Oui, j'ai tous les droits d'être en colère. Je le suis même assez pour mourir ! » répondit Jonas.

Dieu poursuivit : « La plante a poussé un jour et a disparu le jour suivant. Ce n'est pas toi qui l'as fait grandir, mais tu es malgré tout contrarié qu'elle ait disparu ! J'ai créé le peuple de Ninive depuis les grands-parents les plus âgés jusqu'aux jeunes enfants. N'ai-je pas le droit de me soucier d'eux ? Après tout, ces gens ne savent pas ce qu'ils font. »

Jonas se mordit les lèvres et fixa le sol poussiéreux. Il savait que Dieu avait raison. À partir de ce jour, il décida qu'il ne désobéirait plus jamais à Dieu.

FIN

Teste tes connaissances !
(Réponds aux questions grâce aux réponses en bas de la page)

QUESTIONS

Dans quelle ville Dieu a-t-il demandé à Jonas de porter Son message ? ....

Où Jonas essaya-t-il de s'échapper au lieu d'aller à Ninive ? ....

Où Jonas embarqua-t-il sur un bateau ? ....

Que fit Jonas durant la tempête ? ....

Que firent les marins pour essayer de sauver le bateau ? ....

Que se passa-t-il après que Jonas fut jeté par dessus bord ? ....

Combien de temps Jonas resta-t-il dans le ventre du poisson ? ....

Où se rendit Jonas après avoir atteint la terre ferme ? ....

Que dit Jonas au peuple quand il atteignit Ninive ? ....

Qu'est-ce qui a tué la plante que Dieu avait créée pour procurer de l'ombre à Jonas ? ....

RÉPONSES

1. Ninive
2. Tarsis
3. Japho
4. Il dormit
5. Ils jetèrent la cargaison par dessus bord
6. Jonas fut avalé par un immense poisson
7. Trois jours et trois nuits
8. Ninive
9. De se repentir
10. Un vers

Complète le puzzle de recherche de mots

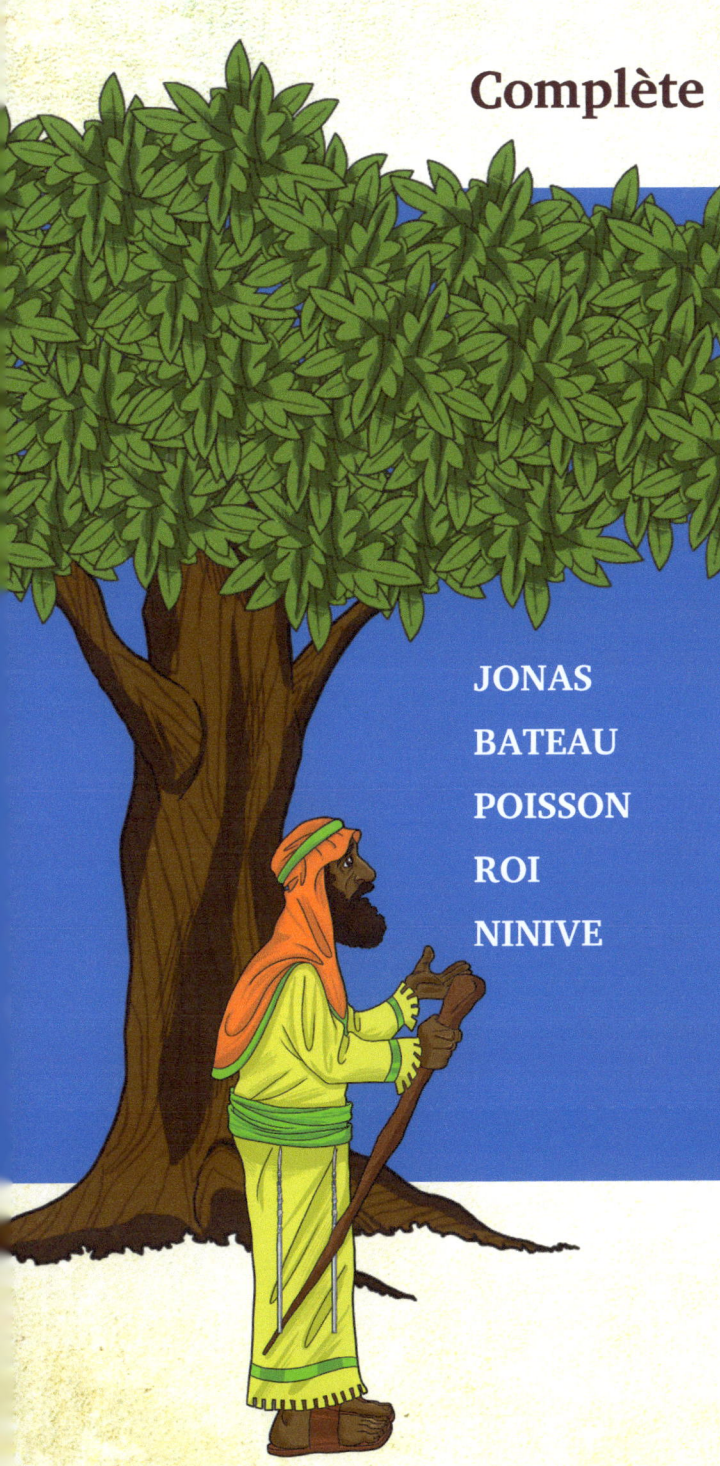

JONAS TARSIS
BATEAU HÉBREU
POISSON DIEU
ROI SOLEIL
NINIVE PLANTE

```
U R O I E G S D H S
B R A L K T O I É R
W A T L H X L E B P
U X T A G G E U R O
X Z O E R I I U E I
V K V H A S L Q U S
A J R I W U I P C S
J O N A S W S S C O
U I C N I N I V E N
A A P L A N T E P D
```

Bible Pathway Adventures®

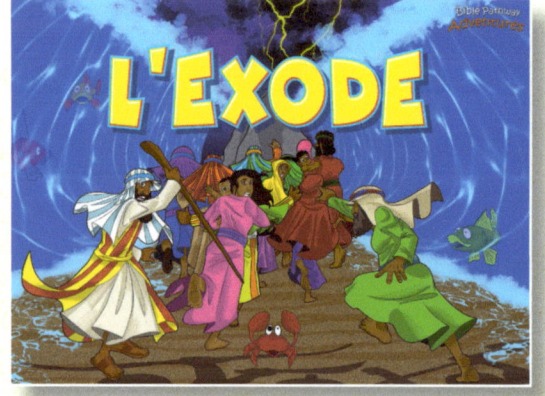

Face au géant

La Fuite d'Égypte

La Naissance du roi

Le Grand Déluge

Le Naufrage

L'Exode

Jeté aux lions

La Trahison du roi

Le Roi ressuscité

Vendu comme esclave

Sauvé par une ânesse

La Sorcière d'Endor

La Mariée choisie

Découvrez d'autres histoires bibliques avec Bible Pathway Adventures®!

Consulte les cahiers d'activités de Bible Pathway Adventures

  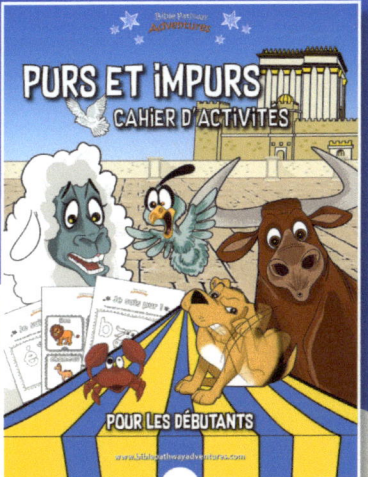 

   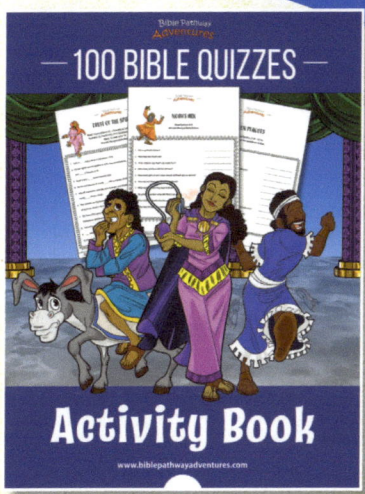

ALLER SUR

www.biblepathwayadventures.com

www.ingramcontent.com/pod-product-compliance
Lightning Source LLC
Chambersburg PA
CBHW040318100526

44583CB00004BB/143